MATTHIEU MERIOT

PARLE

Éditions BoD

Du même auteur :

- ''Observations et photographies'',
Éditions BoD, 2018.

- ''Un enfer scolaire'', Éditions BoD,
2018.

- ''Les émotions d'une vie'', Éditions
BoD, 2019.

<br>

*Pour mes proches que j'aime plus que tout, et qui me soutiennent tous les jours dans mes projets.*

*Pour toutes les personnes qui ont souffert, ou qui souffrent de harcèlement scolaire.*


*Mais aussi pour ma seule et unique passion, l'écriture ! Sans elle, je n'aurais sans doute jamais su me relever et encore moins, trouver l'éditeur qui me convient !*


*Un grand merci à vous !*


Matthieu MERIOT

# Prologue

En parcourant ce livre, vous allez découvrir mon histoire personnelle concernant le harcèlement scolaire. Durant des années, j'ai été la victime de coups et de blessures. Tout mon être a été abîmé et à jamais détruit par des élèves harceleurs, et des adultes qui ont vu et n'ont absolument pas bougé le petit doigt pour m'aider. J'ai été harcelé de la maternelle à la quatrième, autant physiquement que moralement. J'ai subi toutes sortes d'humiliations. C'est comme si l'enfer s'était emparé de mon âme. Sentencieusement.

Si aujourd'hui j'ai décidé de prendre la plume, c'est pour briser mon silence, et celui des autres. Car finalement, je ne suis pas la seule victime, il y en a beaucoup d'autres, malheureusement. Ce que j'ai longuement subi, d'autres l'ont également subi ou le subissent actuellement.

Avec ce livre, j'aimerais rendre hommage aux victimes qui ont hélas mis fin à leurs jours, à cause de ce fléau. Et si ma plume passe à l'acte, c'est aussi pour aider ces enfants qui ont ce besoin d'être écoutés et aidés. Ces élèves qui ont une âme très fragile… comme moi.

Ainsi, je laisse votre regard pénétrer au plus profond de mon âme, celle qui durant des années, était perçue comme un souffre-douleur et à la fois une ''honte'' de la classe, et ce, aux yeux de tous.

*

Pour vous expliquer avec un peu plus de détails, considérons que dans le harcèlement scolaire, nous avons plusieurs statuts. Il y a très exactement quatre types d'élèves.

Nous avons les victimes, les harceleurs, les élèves qui ont l'œil mais qui préfèrent mettre sous silence ce qu'ils entendent et voient, et les élèves qui n'ont rien à voir avec le harcèlement en général.

Honnêtement, je pense que celles et ceux qui aiment jouer avec la vie des autres, on ne les retrouve pas seulement à l'école, on les retrouve également dans la vie de tous les jours. Ça peut être des personnes plus ou moins proches. L'école n'est qu'un petit enclos. Mais les mauvaises âmes sont partout, et elles font tout pour nous voir et faire défaillir à un moment ou à un autre. C'est triste, mais c'est comme ça.

# PREMIERE PARTIE

## 8

*Moi, l'âme écorchée.*

Je m'appelle Matthieu Meriot. J'ai vu le jour le 6 avril 1999 à l'hôpital de Châteauroux se situant dans la région Centre, en France. J'ai donc 21 ans aujourd'hui.

Dans ma famille nous sommes trois. Je vis avec ma maman et mon frère. Quant à mon papa, il est parti recommencer une nouvelle vie avec quelqu'un d'autre. Je pense que vous l'aurez compris, j'ai des parents divorcés. Il est vrai qu'au début de cette séparation je peinais à l'accepter, mais j'ai beaucoup relativisé. Il y a des personnes bien plus malheureuses que moi, j'ai de quoi vivre, je suis en bonne santé et je peux faire ma passion, l'écriture. C'est ce qui compte !

*

Avant d'entrer en école maternelle, j'étais très inquiet. Je ne savais pas comment l'atmosphère de ce nouveau lieu se présenterait, et je répétais inlassablement à voix haute : « J'ai très peur, vais-je me faire embêter ? »

Et je répétais aussitôt, la voix qui tremble : « Je ne sais pas ce qui peut m'arriver… Peut-être que je culpabilise pour rien. » Mais une chose est sûre, je n'étais pas prêt à y aller, même si mes proches pensaient le contraire. Je ne leur en veux pas, ils n'ont juste pas compris que l'école me mettait mal à l'aise, et que plus les jours passaient, plus ça devenait une épreuve pour moi. J'avais constamment cette peur d'aller dans cet établissement scolaire. Oui, j'éprouvais ce mal-être profond. Et puis avec le temps j'ai beaucoup réfléchi, et je me suis dit qu'il fallait absolument que j'arrête de paniquer autant. Ce n'était pas du tout une bonne chose pour moi comme pour ma santé. Il fallait que je réussisse à me détendre pour ne pas avoir la boule au ventre, mais c'était très difficile. C'était très compliqué car je suis de nature un garçon qui panique beaucoup, ce n'est pas évident de changer le caractère de quelqu'un d'aussi timide et renfermé.

*

Pour commencer, j'allais toutes les dix minutes aux toilettes car j'avais à chaque fois l'envie de vomir. C'était une épreuve très compliquée car j'avais le pressentiment que tout allait très mal se passer. Et j'avais raison… Au bout de quelques jours d'école, j'avais déjà des soucis. Je n'arrêtais pas d'aller aux toilettes alors des élèves de ma classe m'y avaient enfermé et moi je n'avais qu'une envie, c'était d'en sortir pour respirer et essayer de me reprendre. Je voulais aussi récupérer mon souffle car à force de paniquer, je faisais petit à petit une crise de spasmophilie (crise d'angoisse), mais heureusement une surveillante est arrivée pour leur dire de partir. Elle m'a demandé ce qui s'est passé, je lui ai répondu qu'ils m'avaient embêté en m'enfermant dans les toilettes et en criant que j'allais y rester toute la journée. Elle a dit « D'accord, on en reparlera… » J'ai été très surpris qu'elle n'en parle pas à ces garçons, qu'elle ne leur ait rien dit. Je pensais que le rôle d'un surveillant c'était de regarder, analyser et comprendre ce qui se passait pendant les récréations, apparemment, ce n'était pas la priorité pour cette personne. Elle aurait pu m'aider et comprendre qu'il y avait un début de harcèlement, comme tous, ils disent souvent « Ce n'est rien, ça passera. » ou encore « Ça s'arrangera avec le temps. » Je pensais que quelqu'un me tendrait la main, et non…

Je vous assure et croyez-moi qu'il y a des personnes qui ne connaissent rien à l'éducation et qui n'ont rien à faire dans ce genre de travail. L'école doit tout d'abord être une sécurité pour un enfant, pour tous âges. Mais ce n'était pas son cas apparemment…

Par la suite, après que je sois sorti des toilettes et expliqué ma situation à la surveillante, qui je pense ne m'a pas cru une seule seconde, je me suis mis en rang avec les autres. J'étais rangé à côté d'un jeune garçon, et il m'a chuchoté à l'oreille : « Sale castor de merde ! » Tout a commencé par cette première insulte, la première d'une très longue liste… Il m'a dit ça sans aucune raison. Je ne lui avais rien fait. Je ne le connaissais pas du tout. J'étais gêné. Je ne savais pas quoi répondre. Ensuite j'ai regardé mes pieds et il m'a frappé le derrière de la tête une nouvelle fois sans raison.

Un enfermement, une crise d'angoisse, la surveillante qui s'en fiche, une insulte, une claque. Je n'ai jamais demandé à avoir tout ça, alors imaginez tous les jours. C'est du harcèlement et personne n'a réagi correctement ! Mais que faites-vous dans l'éducation sérieux ? Maintenant je suis à jamais dégoûté de l'école et je ne sais pas si je pourrais y remettre les pieds un jour. Mais une chose est certaine, il y a un gros souci au niveau des parents qui ne savent pas éduquer leur enfant, mais aussi et surtout au niveau des écoles qui préfèrent passer sous silence ce qu'elles voient et ce qu'elles savent pour ne pas avoir de problèmes par la suite.

Aujourd'hui je me sens responsable car si j'aurais réussi à briser le silence, tout ça se serait arrêté dès le premier jour où le harcèlement s'est mis en place.

On pense tous qu'à la maternelle ils sont doux, gentils et adorables, mais je vous assure qu'ils peuvent devenir de véritables harceleurs sans cœur et de vrais manipulateurs.

Quelques semaines après nous faisions de la peinture en classe, il s'est passé que pendant que la maîtresse travaillait sur son bureau, deux élèves ont pris leurs pinceaux et se sont permis de m'en mettre sur le visage, sur les deux joues. J'étais en train de pleurer et la maîtresse m'a crié dessus en disant à haute voix « Matthieu ! Va te nettoyer tout de suite et dépêche-toi ! » Et dire que je pensais trouver du soutien avec elle, mais pas du tout. J'ai vraiment honte de l'école d'aujourd'hui. Des élèves préfèrent mourir plutôt que de parler de leurs souffrances qu'ils renferment en eux. Ils ne veulent pas parler pour ne pas avoir de représailles, je connais ça. C'est très difficile d'être violenté tous les jours et de le cacher à ses proches.

La maternelle était comme ça pour moi, violente, insultante, et malhonnête avec les adultes soi-disant ''responsables''. Leur soutien n'était pas là. D'ailleurs il n'a jamais été là.

*Primaire*

Le primaire c'était tout : les coups, mais aussi les rumeurs et les insultes.

A l'époque ou je suis rentré en CP, j'étais beaucoup moins stressé qu'à la maternelle. Je connaissais un peu, ce qui a fait que ça m'a rassuré et réconforté. Je me suis dit : « Enfin un nouveau départ ! Ça va être génial ! »

Mes parents m'ont accompagné et m'ont dit que j'allais me faire de nouveaux copains. J'étais très fier d'y aller, pour enfin oublier le harcèlement scolaire dont j'étais victime en maternelle. C'était dans la même école, il y avait uniquement un mur qui séparait la maternelle des primaires.

Cette journée-là, il y a un garçon qui a osé m'aborder quand j'étais avec mes parents en attendant de rentrer en classe, ils étaient à côté de moi.

« Salut. Tu veux venir discuter avec nous ? »

J'étais hésitant. Je ne savais pas ce qu'il voulait réellement au fond de lui. Je me méfiais, mais j'y suis allé !

J'ai trouvé ce garçon très gentil et très souriant.

Quelques instants plus tard, un élève a fait sonner la cloche pour dire à mes ''camarades'' de rentrer en classe. Je me suis dit : « Quand il faut y aller, il faut y aller ! »

J'étais rangé dans les derniers. J'ai toujours voulu rentrer dans les derniers pour être tranquille, car je sais que dans les premiers il y a toujours de la bousculade et des chamailleries. Je ne voulais pas que ça arrive encore. J'en avais bien assez souffert en maternelle, même si je ne le montrais pas. Je n'ai jamais voulu en parler car pour moi c'était une honte de se faire harceler par des élèves. Mais j'ai compris bien plus tard qu'en parler est la seule, unique et meilleure solution.

Je rentre dans la classe, je m'assois, et la maîtresse parle. Elle nous dévoile le programme global de l'année. Il y a certains bavardages en classe mais rien de bien méchant ce jour-là. Moi j'étais tranquillement assis en attendant que ça passe.

En revanche, une semaine après la rentrée, je ressentais quelque chose de mauvais. C'est comme si je savais à l'avance que j'allais être harcelé à l'école une nouvelle fois. Je me dis non, ce n'est pas possible. Ça ne va pas recommencer ! Je me suis fait un film, mais ce qui devait arriver arriva. Parce-que quelques jours après ce ressenti, nous étions en classe et une jeune fille très rebelle m'a jeté une feuille déchirée sur moi. Je lui ai demandé gentiment si elle pouvait arrêter. Elle m'a dit tout bas : « Ta gueule gros connard et retourne toi ! » C'est à ce moment-là qu'elle s'est mise à lever la voix :

« Maîtresse, Matthieu n'arrête pas de se retourner ! C'est pénible on aimerait bien travailler tranquillement ! » J'étais tout rouge. J'avais honte. Cette maîtresse s'est permise de rajouter : « Matthieu, tu te calmes sinon tu feras des lignes ! » Je lui ai répondu simplement « D'accord. » d'une voix basse sans insister. Je pensais que les choses se calmeraient mais non, au contraire, ça a empiré.

Nous avions une sortie de prévue. On devait aller dans une forêt pour regarder la végétation, les plantes, les arbres, les herbes, la terre, les insectes, etc… Et à un moment trois jeunes m'ont menacé avec un couteau qu'ils avaient caché dans leur pantalon. Je me suis demandé comment je pouvais m'en sortir, seul contre trois garçons plus balaises que moi, avec une arme blanche, très dangereuse. Ça aurait pu déraper très vite. J'étais au plus mal et ils m'ont dit « Si tu parles, on te crève sale grosse merde ! On ne veut pas de toi ! T'as pigé connard ? » Je dis oui et ils partirent en me laissant seul. J'étais très seul ce jour-là, seul face à moi-même. Que pouvais-je dire pour m'en sortir ? Ils avaient une arme, quelqu'un aurait fini à l'hôpital ou à la morgue, c'est sûr, et je ne crois pas que ce soit l'un d'entre eux…

Comme d'habitude, je culpabilise et je me sens responsable. Mais je ne peux pas revenir en arrière.

A la fin de cette journée, j'étais au plus mal. On est rentrés en classe. On a attendu que les cars viennent dans la cour à côté de l'école puis nous sommes tous sortis de la classe, moi le dernier comme d'habitude. J'essayais de ne pas pleurer pour ne pas leur montrer mes faiblesses. Et je ne voulais absolument pas que mes parents et mes proches me voient comme ça. Ils m'auraient peut-être rassuré, maintenant je ne le saurai jamais. Ce jour-là, je me suis promis qu'un jour j'aurai qu'une envie c'est de mourir pour être tranquille. À cet âge-là penser au suicide c'est horrible. C'est un âge ou on est censé se construire et non se détruire. Mais avec le harcèlement scolaire, c'est très compliqué de ne pas penser à se faire du mal ou à vouloir mettre fin à ses jours. C'est un cercle vicieux dans lequel j'étais seul et je ne pouvais pas m'en sortir. J'avais l'habitude des claques à huit heures du matin en arrivant à l'école, des bousculades à la récréation de dix heures, des insultes à la cantine à midi et demi. C'était devenu mon quotidien auquel je ne pouvais pas échapper. Comment s'en sortir quand vous avez des centaines d'enfants contre vous ? Parce qu'au fur et à mesure que les jours passaient, je savais que les élèves allaient tous se déchaîner sur moi. Notamment ce jour-là, où j'étais dans mon refuge, dans un coin de la cour, une trentaine d'élèves sont venus vers moi et n'ont pas arrêté de me dire : « Sale castor ! Tu es trop moche ! » Ils n'ont pas arrêté de crier ça tout haut pendant toute la récréation. Quinze minutes de souffrances qu'à mon avis presque personne d'autre ne pourrait subir sans pleurer et être au plus mal. Que voulaient-ils ? Me blesser ? Me pousser aux mutilations et au suicide ? Je pensais être en paix et avoir rencontré de très belles personnes, mais je me suis trompé une nouvelle fois. J'ai fait l'erreur de croire que tout irait mieux, que les élèves seront plus grands et plus matures. Hélas non. Ce n'était pas le cas. A ce moment-là, quand les enfants criaient sur moi, j'ai vu la maîtresse qui me regardait d'un mauvais air. Je lui ai fait un signe de la tête lui disant de venir, et non, elle n'a pas bougé le petit doigt pour me venir en aide alors que c'était le moment où j'en avais le plus besoin. Ce n'étaient pas des adultes responsables, mais des adultes mauvais. Si elle avait réagi au lieu de regarder bêtement, tout se serait certainement arrangé, mais non. Je suis de plus en plus déçu par les écoles. Le problème c'est qu'aujourd'hui il y a un problème avec la parole des enfants. On ne les croit pas, on ne les écoute pas, on ne fait pas attention à eux, pourquoi ? Je n'ai pas de réponse à cette question. Du moins pas encore. Ce dont j'avais besoin c'est de l'aide, de l'écoute, de l'attention, je n'en ai jamais eu de la part de l'école. Et quand j'entends des surveillants dire : « Il faudrait peut-être mieux se comporter. » ça me fait bien rire. Si déjà ils faisaient leur travail correctement, ce serait une très grande victoire. Il y a vraiment des gens qui n'ont honte de rien et qui se fichent des enfants. Mais sérieusement, que font-ils dans l'éducation ? Ils ne savent pas écouter, ils ne savent pas aider, ils ne savent pas regarder, et après ils se plaignent que les élèves font n'importe quoi. Pour moi le harcèlement ce sont aussi les adultes qui laissent faire les choses, et qui ne punissent pas (du moins pas assez) les harceleurs et élèves perturbateurs.

*

J'ai redoublé une fois le CE2 car mes maîtres et maîtresses trouvaient que je ne travaillais pas assez. Je suis désolé mais quand un enfant est au plus mal, c'est forcément très compliqué pour la suite. Ils n'ont pas encore compris qu'ils font très mal leur travail et ils ne viennent pas en aide aux élèves qui en ont besoin. Ils sont prêts à tout pour enfoncer un élève et non pour l'aider de toutes façons. Je suis certain que la maîtresse qui m'avait vu et entendu me faire insulter dans mon coin s'en fiche complètement. En plus il y avait un gros manque de communication dans la classe ou j'étais. Personne ne voulait parler quand il y avait des ''vies de classe'', c'est-à-dire se réunir pour parler des soucis qu'il pouvait y avoir. Honnêtement ça aurait pu aider, mais vu qu'il n'y avait presque plus de communication, ça aurait été compliqué de toute manière.

Une semaine après ma deuxième rentrée en CE2, le harcèlement reprend de plus belle.

Le lundi matin je n'étais pas bien du tout : coups de blues et je n'avais pas envie de travailler dans une ambiance pareille. C'était trop d'ondes négatives pour moi. Il était impossible de me concentrer correctement sans verser une larme. Alors j'avais demandé au maître si je pouvais aller aux toilettes, je ne lui ai pas dit que c'était pour pleurer mais j'en avais vraiment besoin. Il m'a autorisé à y aller. Mais soudain j'entends la cloche retentir, je m'enferme à double-tour, et là, j'entends les pas des trois élèves. Je reconnais les voix. Ce sont les trois garçons qui m'ont pris pour cible. Que devais-je faire ? Sortir ou rester enfermé ? Mais ils avaient compris que c'était moi dedans. Alors ils cognaient dans la porte de toute leurs forces et là, je me suis dit que je devais l'ouvrir pour qu'elle ne se casse pas.

Une fois ouvert, l'un des trois garçons m'étrangle et me menace : « Toi t'a intérêt à la fermer ! Tu fermes ta grande gueule et c'est tout ! » Là j'en pouvais plus. Je lui ai répondu d'un simple ''oui''. Ils étaient partis, et moi je me suis mis à pleurer une nouvelle fois. Encore une fois, que pouvais-je faire ? J'étais seul et je n'avais aucun ami à qui parler. C'est alors que j'ai eu une idée, me tailler les veines avec le crépi d'un mur. Je saignais. Je voyais le sang couler le long de mon bras. Dois-je continuer ou m'arrêter ? Une des maîtresses m'a vu et m'a mis un pansement. J'avais les yeux brillants, j'avais beaucoup pleuré, elle n'a même pas cherché à comprendre pourquoi j'en étais arrivé-là. Bel exemple de l'école…

*

Tout ce que je vous raconte dans cette première partie, m'est arrivé de la maternelle au CM2, sachant mon redoublement du CE2 ça a duré un an en plus. Je ne souhaite à personne de vivre ça.

*Collège*

Ma rentrée en 6<sup>ème</sup> se passe bien. On rigole avec les camarades, on discute de tout et de rien, on fait connaissance. Je me disais véritablement que le collège serait génial et que je pourrais enfin avoir des amis ! Mais non, c'est encore l'enfer.

Au bout de deux semaines au collège, les élèves me prennent pour cible. Mais cette fois-ci je n'aurais pas la force de me battre. Je ne m'en sentais pas du tout capable. Je ne veux pas être détruit un énième fois. Et pourtant, c'était le cas…

Les harceleurs m'ont frappé, j'avais des bleus sur les bras. Je n'en ai parlé à personne mais j'étais au fond du gouffre et je ne savais pas comment sortir de cet enfer. Le collège c'est la pire période. A un autre moment des élèves sont venus et m'ont enfermé avec eux dans les toilettes pour garçons du collège et ils m'ont mis la tête dans la cuvette. Je n'arrivais plus à respirer. Ils ont tiré la chasse d'eau et ils m'ont tiré les cheveux. Heureusement l'idée de me prendre en photo ne leur est pas venue à l'esprit. J'ai eu très peur. Ils ont rigolé et moi je pleurais. Je n'arrivais pas à arrêter. J'étais trop choqué et traumatisé. Je ne pouvais pas me défendre. Et quand je suis sorti des toilettes, tout le monde a rigolé, toutes les classes. C'était horrible et honteux pour moi. Je me sentais mauvais et sale. J'étais impuissant face à eux tous.

Un autre jour, j'étais aussi dans les toilettes et les trois harceleurs sont venus, m'ont pris par les cheveux, ils m'ont cogné contre le mur. Les coups étaient nombreux, les bleus aussi. Je saignais et j'avais très mal à la tête, j'avais envie de me reposer et d'être tranquille. Mais le repos a été de courte durée parce qu'après il y a un de mes harceleurs qui m'a dit : « Si tu parles je te bute gros merdeux ! » Je ne lui ai pas répondu et il est parti. J'étais seul dans les toilettes. Alors je me suis dit je vais tout de même retourner en classe sans trop prêter attention aux regards. J'essaye de mieux me préparer pour ne pas être vu comme une ''saleté''. Une dizaine de minutes plus tard, je frappe à la porte, je me fiche du regard des autres, et le professeur me dit : « Matthieu entre, c'est à cette heure-là que tu arrives ? » et je lui réponds que j'ai eu quelques soucis que j'ai dû régler avec un proche. Il m'a dit d'aller m'asseoir à ma place. En passant quelqu'un m'a fait un croche-pied, ça y est, toute la classe était contre moi. Le professeur a dit : « Matthieu, tu es déjà en retard alors je serais toi je me ferais petit. » J'avais envie de lui répondre : « Mais vous savez, ce n'est pas moi qui laisse des enfants souffrir à cause du harcèlement scolaire et qui fais semblant de ne rien voir. » Je n'ai rien osé dire mais ce professeur le méritait vraiment.

J'avais le sentiment de ne pas être respecté, d'être nul, de m'être mis dans un véritable cauchemar dont je ne pourrais jamais sortir seul. Je ne comprenais pas pourquoi les élèves étaient aussi méchants envers moi. Ils ont des têtes d'anges, mais sont de vrais monstres à l'intérieur.


*


En 5<sup>ème</sup>, j'ai la chance de ne pas rester longtemps car je vais partir dans un autre établissement, au vu de mes difficultés ils ont préféré m'envoyer ailleurs. Dans une classe de SEGPA (Section d'Enseignement Général et Professionnel Adapté). Mais là encore, je vais souffrir.

Vers le mois de novembre, j'arrive dans ce nouvel établissement. Certaines personnes me demandent si je suis nouveau. Je réponds oui avec un grand sourire, sans leur dire ce qui m'est arrivé auparavant. Je ne veux pas que ça recommence et souffrir encore plus, quand est-ce que j'aurais le droit d'aller mieux et de vivre paisiblement comme avant ? Je n'ai pas mérité de souffrir autant. Je suis obligé de subir tous les jours les mêmes horreurs sans rien dire. Mais, vous ne comprenez pas vous les adultes à quel point j'ai besoin de votre aide. Vous êtes les seuls à pouvoir me sortir de l'enfer scolaire dont je suis victime et vous, vous dormez sur vos deux oreilles tranquillement sans vous soucier de rien. Vous êtes aussi monstrueux et égoïstes que les harceleurs. Je ne sais pas comment vous faites pour vous regarder dans un miroir.

A mon arrivée tout se passait bien. Je n'avais pas de problèmes particuliers avec mes camarades. Malheureusement ce calme n'a pas duré longtemps, car quelques semaines après, celle qui me fera encore plus souffrir sera présente…

*

Cette fille et moi n'étions pas proches, nous ne nous connaissions pas du tout et je n'ai pas compris pourquoi elle m'a pris pour cible. Je ne savais pas du tout comment réagir face à elle. Elle était très impressionnante, grande et assez forte. C'était très compliqué d'essayer de lui parler. Elle me regardait très mal. Elle disait qu'elle ne pouvait pas me voir et qu'elle ne m'appréciait pas. Moi non plus de toutes façons. Ce genre de fille qui fait la grande alors qu'elle ne sait rien faire de ses dix doigts. Elle se permet de donner des leçons aux autres alors qu'elle-même ne fait pas le bien autour d'elle. Comment une personne peut se définir comme quelqu'un de responsable et de bien alors qu'elle fait que de m'insulter tous les jours et de me harceler tous les jours ? En plus, elle a créé des rumeurs sur moi. Elle disait que j'étais une mauvaise personne, quelqu'un qui voulait du mal aux élèves, quelqu'un qui ne se lavait pas, etc…

Un moment j'étais dans la cour de récréation, j'attendais que la sonnerie retentisse et que je rentre en classe, et la harceleuse est venue en me disant : « Alors comme ça il paraît que je fais trop ma grande ? » Je lui ai dit : « Oui et je disais que tu n'avais pas à juger les autres. » Elle ne savait plus quoi dire et elle est partie avec d'autres élèves. Finalement il suffit de parler pour aider et se rendre compte que ça fait un bien fou !

*

Quelques temps après ça, c'est là où ça a empiré.

Elle me tirait par les cheveux et me cognait bien fort contre la porte, tous les jours devant tout le monde. Elle aimait me voir pleurer et souffrir pendant qu'elle prenait un malin plaisir à me détruire à l'intérieur comme à l'extérieur, et puis les professeurs n'ont pas réagi. Je suis par la suite allé dans les toilettes pour me permettre de me nettoyer un peu. Quand j'étais rentré en cours, même la professeure ne m'a pas posé la question de savoir pourquoi j'avais des bleus sur le visage, pourtant, je ne les avais pas plus tôt dans la journée. Elle n'était pas du tout inquiète.

Cette journée-là j'étais tellement mal. Je voulais en finir avec le harcèlement scolaire une bonne fois pour toute. Après les mutilations et mon mal-être, je rentre chez moi, je prends autant de boîtes de médicaments que possible et j'avale volontairement les cachets un par un. A chaque cachet avalé, je me dis qu'il en faut encore plus pour partir de ce monde. Je prends absolument tout, et ensuite je pars me coucher. Quelques heures plus tard, mes parents (non divorcés à l'époque), appellent les urgences pour dire qu'ils vont m'emmener dans leur hôpital pour tentative de suicide. Je reproduirai cet acte deux fois dans la même année d'école. Et puis quelques jours plus tard, j'ai dû voir des psychologues pour essayer de comprendre mon mal-être. C'était désagréable et à la fois très délicat, je ne savais même pas pourquoi je n'étais pas bien. Enfin si, à cause du harcèlement dont j'étais victime depuis des années, mais sans développer plus. Encore aujourd'hui, je me cherche. C'est très dur de sortir du harcèlement quand vous avez été autant ''tué de l'intérieur'' par des personnes aussi mauvaises. Mais, il reste de très belles personnes, j'en suis sûr et je crois que j'ai beaucoup d'espoir d'en rencontrer ! Vous aussi croyez en

vous ! Si j'ai réussi à m'en sortir, vous
pouvez également y arriver ! La roue
tourne !

DEUXI ÈME PARTIE

38

*L'espoir d'une vie…*

(Aujourd'hui, en 2020)

Il y a quelques années, j'ai été harcelé. Je n'ai pas compris ce qui m'arrivait et moi j'ai souffert avec toutes ces années d'enfer. Malgré ce que j'ai vécu, je vais beaucoup mieux aujourd'hui. Mais tout est toujours dans ma tête…

*

Il est très difficile de se reconstruire. Mais il faut savoir profiter de la vie malgré ce passé froissé.

Je promets qu'un jour, je serai et je réussirai à me reconstruire complètement. Ça risque de prendre du temps, mais je suis certain que je réussirai à tout mettre en œuvre pour y arriver, et enfin, être heureux pour toujours !

*

Certains sont tellement malheureux que leur seul but dans la vie est de faire du mal aux autres par n'importe quel moyen.

En fait, j'ai véritablement l'impression que si les enfants harcèlent, c'est qu'ils sont plus ou moins mal dans leur tête, donc psychologiquement. C'est une chose que j'ai découvert puis analysé.

*

Je trouve ça mauvais que les élèves et adultes préfèrent se détruire les uns et les autres plutôt que d'essayer de s'entendre. Parfois j'ai l'impression que l'on passe à côté de certaines choses très positives. C'est dommage !

Un jour une idée horrible m'est venu à l'esprit. J'ai emmené un couteau à l'école pour me faire du mal devant tout le monde.

Nous étions en cours de sport. Après avoir marché jusqu'à la salle, nous sommes allés dans les vestiaires pour se changer. Il y avait un côté fille et un côté garçon. J'étais déprimé et en larmes. J'ai donc sorti mon couteau et je voulais me tailler les veines devant eux. J'ai essayé mais à chaque fois que j'écorchais ma chair, ça me faisait trop mal. J'ai arrêté. Je voulais mourir. Perdre un enfant dans n'importe quelle circonstance doit être la pire des choses pour des parents. Perdre ce qu'ils ont de plus précieux au monde est injuste. Ils ont eu la peur de leur vie, la peur de perdre un fils.

*

Un matin j'étais en cous de science au collège, en 4<sup>ème</sup>, et le professeur m'a dit des tas de choses qui m'ont fait beaucoup de mal.

Je ne sais plus de quoi nous parlions exactement à ce moment-là, mais il m'a dit : « Je suis sûr que Matthieu lèche des photos de femmes nues chez lui. »

Je suis resté ''scotché''. Je ne comprends pas pourquoi il m'a dit ça. Je n'en reviens pas qu'un professeur dise ce genre de chose. Tout d'abord, que sait-il de ma vie pour me dire de telles choses aussi ignobles ? Rien. Il ne sait rien de moi. Mais sincèrement, même si les professeurs s'y mettent, oùva-t-on ?

Alors forcément les élèves harceleurs en ont profité pour m'insulter une fois de plus de ''pervers'' ou encore de ''sale connard''.

L'école est censée être un lieu d'apprentissage, de bien-être et du savoir vivre ensemble, puis de s'accepter les uns et les autres.

C'est bien ce que je dis, certains professeurs, surveillants et autres adultes dans les établissements scolaires ne savent pas faire et ils ne méritent pas leur place.

*

C'était très difficile d'attendre la fin de la 4$^{ème}$ pour sortir du harcèlement scolaire. Mais aujourd'hui je suis en vie ! Maintenant j'ai la force d'aider les autres ! J'ai cette force et cette envie en moi !

Je suis content d'être devenu ce que je suis ! Un jeune garçon qui va avoir pleins de projets d'écriture et qui a envie de découvrir le monde ! Il y a plein de belles choses à voir et à partager tous ensemble ! Aujourd'hui j'ai 21 ans, j'attends d'entrer dans un ESAT (Établissement et Service d'Aide par le Travail), et je sais que beaucoup de gens me soutiennent, je vous en remercie chaleureusement.

J'ai la vie devant moi.

Remerciements

45

Je tiens à remercier toutes les personnes qui ont lus toutes ces pages.

Si j'ai écrit ce témoignage, c'est pour faire prendre conscience aux gens de ce qu'est le harcèlement scolaire. Mais aussi pour rendre hommage à chaque enfant qui fut poussé jusqu'à la mort à cause de ce fléau.

J'espère également que ce témoignage servira à agir contre le harcèlement à l'école.

Merci infiniment !

Éditions : BoD – Books on Demand,

12/14 rond-point des Champs-Élysées,
75008 Paris.

Impression : BoD – Books on Demand,
Norderstedt, Allemagne

ISBN : 9782322203994

Dépôt légal : mai 2020

© 2020, Meriot, Matthieu
Edition : Books on Demand,
12/14 rond-Point des Champs-Elysées, 75008 Paris
Impression : BoD - Books on Demand, Norderstedt, Allemagne
ISBN : 9782322203994
Dépôt légal : mai 2020